AF267168

L27n
28317

NOTICE

SUR

MADAME MARIE LAURAS

RELIGIEUSE DU SACRÉ-CŒUR

NOTICE

SUR

MADAME MARIE LAURAS

TYPOGRAPHIE FIRMIN-DIDOT. — MESNIL (EURE).

NOTICE

SUR

MADAME MARIE LAURAS

RELIGIEUSE DU SACRÉ-CŒUR

DÉCÉDÉE A MARMOUTIER, LE 5 DÉCEMBRE 1872
A L'ÂGE DE 25 ANS

« . . . . Elle n'a fait que continuer
« à aimer Dieu, comme elle avait com-
« mencé à le faire dans le monde. »

(*Lettre de Marie à sa mère*, 1870.)

PARIS

LIBRAIRIE DE FIRMIN-DIDOT FRÈRES, FILS ET Cⁱᵉ

IMPRIMEURS DE L'INSTITUT, RUE JACOB, 56

—

1875

NOTICE

SUR

MADAME MARIE LAURAS

Marie - Louise - Augustine Lauras naquit à Paris le 21 mars 1847, d'une famille où Dieu avait déjà marqué de son sceau plus d'une âme d'élite. Outre une sœur, religieuse de la Visitation, et une tante, supérieure des sœurs de la Charité à Conflans, elle comptait encore, parmi ses parents, un cousin et deux oncles Jésuites, dont l'un, le R. P. Caubert, était mort glorieusement, le 26 mai 1871, martyrisé par la Commune de Paris. Au sein même du foyer domestique, tout était déjà pour elle exemple de foi et de vertu.

Marie était à la fois la plus jeune et la plus aimée de la famille, car le ciel l'avait douée de qualités aussi attrayantes que solides. Élevée et instruite sous les yeux de sa mère, elle fit preuve, dès son enfance, d'une grande facilité pour l'étude. Elle assistait au catéchisme, que suivait une de ses sœurs plus âgée qu'elle de quatre ans, et saisissait avec promptitude les enseignements qui y étaient donnés. Plus tard, elle montra une grande ardeur et d'étonnantes dispositions pour la musique :

avec son goût délicat, elle en appréciait les véritables beautés, et, dans la vie religieuse, on l'entendit plus d'une fois donner la préférence aux chants graves et pieux de la liturgie; elle les redisait elle-même avec un accent pénétré dont on se souvient encore, et qui portait les âmes à Dieu.

Avec l'intelligence, se développaient en Marie les plus rares qualités du cœur. Sa foi, sa piété étaient aussi tendres que solides : souffrir pour Dieu, fut un des premiers instincts de son âme. Nous en retrouvons d'abord quelques traces dans un petit journal écrit de sa main à la dérobée : « Aujourd'hui j'ai bien mal à la tête; mais « je suis heureuse d'avoir quelque chose à souffrir pour « Notre-Seigneur... » Pour expier une faute, elle sait d'elle-même recourir au sacrifice : « Je n'ai pas été sage « aujourd'hui, écrit-elle, je me suis fâchée contre mes « sœurs; aussi pour me punir et, en même temps, pour « réparer ma faute je ne suis pas sortie. J'en avais pour- « tant un grand désir et maman voulait m'emmener avec « mes sœurs; j'ai prétexté un mal de tête, mais ce n'é- « tait pas la vraie raison. » Plus tard, elle recommandait à une de nos religieuses sa sœur Thérèse qui venait de se marier. « Eh! que faut-il demander pour cette « chère sœur, lui dit-on?... » « Des croix! » répondit vivement Marie, « parce que c'est ce qu'il y a de meilleur « pour les âmes. » Nous verrons cet admirable amour de la croix se développer merveilleusement et devenir comme le trait saillant de sa vertu; mais pourrons-nous en citer un mot plus touchant que cette parole échappée spontanément de son cœur?

Elle aimait la fréquentation de l'église, les saints of-
fices ; sa piété était aussi simple que solide : « Aujourd'hui,
« écrit-elle dans son journal, c'est monsieur l'abbé***
« qui a fait le prône à la grand'messe. J'aime beaucoup
« à l'entendre, parce qu'il a quelque chose de très-pieux,
« et qu'il dit des choses très-pratiques. » Son cœur,
naturellement dévoué, se tourna bientôt vers les pauvres ;
associée à l'Œuvre des Jeunes Économes qui avait été
fondée par sa grand'mère et par ses tantes, elle mit son
entrain habituel à remplir ses devoirs de conseillère,
devoirs qui consistaient à recueillir des souscriptions, à
placer des billets de loterie, à procurer des lots, etc. C'é-
tait un jour de fête pour elle quand, en compagnie des
autres conseillères, elle habillait les jeunes filles pauvres,
et remplaçait par des vêtements neufs les haillons de leur
misère. Elle aimait à donner et savait en saisir les occa-
sions avec cet instinct délicat qui distingue les âmes
d'élite. Là même où elle ne fit que passer, on retrouve
les traces de sa charité : après un court séjour aux eaux
de Cauterêts et d'Arcachon, elle voulut offrir aux églises
de ces localités un ouvrage fait de sa main, en témoignage de sa reconnaissance.

Sa piété ne nuisait en rien à sa gaieté : aussi vive et
enjouée au dehors qu'elle était au dedans sérieuse et réflé-
chie, elle possédait l'art de communiquer sa bonne hu-
meur à ceux qui l'entouraient. « Cette demoiselle-là,
« disait un témoin de ses saillies, elle ferait rire des
« pierres!.. » Dans l'intérieur de la famille, Marie était
la fille la plus respectueuse et la plus tendre, ce qui
ne l'empêchait pas de donner, sur beaucoup de petits

détails, des avis, presque des conseils aux siens. Là où les autres hésitaient, elle savait prendre ou indiquer un parti, souvent le meilleur ; c'est ce qui explique son ascendant sur ses sœurs qui étaient ses aînées, mais qui néanmoins cédaient volontiers à son caractère décidé et résolu, sans que Marie s'en prévalût jamais, pour faire paraître la moindre prétention de supériorité. Son dévouement était doux, sincère, uniquement inspiré par l'amour du bien. A l'égard de ses quatre frères, elle était l'amie la plus tendre : elle les accueillait avec cordialité, s'occupait d'eux, s'empressait de leur procurer quelques distractions, et, par ses témoignages d'amitié, elle avait gagné leur plus vive affection. « Ils la pleurent aujour- « d'hui de toutes leurs larmes, nous dit monsieur Lauras, « à qui nous devons tous ces détails ; c'était un guide que « le Ciel leur avait donné. » Son frère Louis résume ainsi sa sœur : « Elle était la joie du cœur et des yeux. » Son frère Étienne dit à son tour : « Elle était tout cœur et « elle a passé sa vie à aimer : c'était une grande âme qui « rendait la vertu aimable et attrayante. » Que dirons-nous de l'intime et profonde affection qui l'unissait à son père et à sa mère ? Elle seule pourra nous l'apprendre dans ses admirables lettres : ajoutons toutefois, sans oser dire davantage, que l'amour filial est bien fort, quand à la tendresse du sentiment il peut joindre la vénération la plus méritée.

Dieu allait cependant briser des liens si doux, mais c'était pour les renouer au ciel. Marie avait entendu pour la première fois l'appel de Dieu un an après sa première communion : c'était le jour de la Pentecôte. Son amour

pour la croix l'attirait d'abord vers le Carmel, lorsqu'elle
vit ses projets ajournés indéfiniment par l'altération de sa
santé, et de 1865 à 1869, elle dut prendre successive-
ment les eaux de Cauterêts et d'Arcachon. « Elle avait
« cependant, nous dit monsieur Lauras, une vive im-
« patience de se consacrer à Dieu, mais elle se soumet-
« tait avec docilité aux conseils des médecins et à la
« sollicitude de ses parents. Elle s'était placée sous la
« conduite spirituelle du R. P. Hubin, et à son départ
« de Paris, sous celle du R. P. Olivaint. Ce zélé direc-
« teur trouvant dans cette âme une grande générosité,
« jointe à une ardeur peu commune pour le bien, lui
« communiqua l'ardent amour de la perfection dont il
« était lui-même si rempli. Marie correspondait à cette
« direction et je me rappelle qu'un jour, le révérend
« Père me demandait si les soins à donner à la santé de
« ma fille ne cesseraient pas bientôt, et si le moment
« ne viendrait pas prochainement pour elle de se con-
« sacrer à Dieu dans la vie religieuse. Je lui fis obser-
« ver qu'il n'entrait nullement dans ma pensée d'entra-
« ver l'action de Dieu sur cette âme; mais que la santé
« délicate de ma chère enfant demandait des soins qu'il
« était nécessaire de continuer encore. — « Eh! quoi,
« me dit le révérend Père, si dans la vie religieuse, Marie
« doit faire le sacrifice de sa vie, elle le prévoit, elle sera
« heureuse de le faire. » Dieu avait parlé, et, dès lors
ce fut une question résolue : Marie n'eut plus qu'à se
fixer sur le choix d'une congrégation. Nous l'avons dit :
ses premières aspirations avaient été pour le Carmel;
mais elle avait dû y renoncer à cause de la faiblesse de

sa santé. Quand sa sœur Geneviève entra à la Visitation,
les larmes de sa mère et ses propres regrets lui avaient
fait prendre les couvents en horreur ; cependant une retraite qu'elle fit vers 1864 dans cette même maison de la
Visitation, dissipa si bien ses répugnances qu'elle prit la
résolution d'y entrer. Ce n'était point là que le Seigneur
l'appelait ; durant un séjour à Arcachon en 1867 il lui
inspira un premier désir pour le Sacré-Cœur. Monsieur
Lauras nous instruit lui-même de la raison de cet attrait :
« Elle avait appris qu'elle trouverait là plus de travail,
et peut-être plus de souffrances. » Cependant le R. P.
Olivaint la dirigeait vers la Visitation, et, par une dispo-
sition de complète abnégation elle n'osait s'ouvrir à lui
sur ce point, lorsqu'en 1869, après une fervente neuvaine
préparatoire à la fête de l'Immaculée Conception, elle
prit le parti d'en écrire à la directrice des Enfants de
Marie de notre maison de Paris. Cette lettre, communi-
quée au R. P. Olivaint, le fit revenir sur sa première déci-
sion, et l'exécution suivit de près. L'heure était donc
venue où Jésus l'appelait dans son paradis de la terre,
qui devait réellement être, selon son expression « le ves-
tibule du ciel » tant sa carrière y fut courte !

L'entrée au noviciat de Conflans fut fixée au 23 décembre. Au moment de rompre les liens qui l'attachaient au
monde, ou plutôt à sa famille, car pour le monde elle
ne l'avait ni connu ni aimé, Marie se sentit brisée. Son
grand cœur si aimant, si profondément affectueux souf-
frait de la peine des siens autant que de sa propre douleur. Elle écrivait à son beau-frère : « Priez pour moi et
« pour ma pauvre mère à qui Dieu demande un sacrifice

« énorme... Oh! qu'elle va donc être triste et seule cette
« pauvre maman! Je n'ose y penser et je m'étourdis, sans
« cela je tomberais malade!... » Et plus loin : « Je ne
« me sens pas le courage de faire des adieux : mes frères
« ne seront avertis que le jour de mon départ... Edmond
« trouvera une lettre ce soir en rentrant chez lui : de
« cette manière, nous ne nous dirons pas adieu. » Cependant tout en luttant contre son propre cœur, elle sut
soutenir le courage de ses parents et de ses amis, et se
réjouir à travers ses larmes du bonheur sans prix qui
l'attendait. Elle écrivait à sa bonne mère le soir même
de son entrée au noviciat : « Oh! combien ma part est
« belle, et que je suis privilégiée d'avoir été choisie par
« Notre-Seigneur pour devenir son épouse! Plus j'y
« pense, plus j'en suis ravie, et je ne sais comment en
« remercier Dieu. »

Un de ses frères, dans le premier moment douloureux
que lui causa l'éloignement de sa sœur lui en fit quelques
reproches : « Ta lettre m'a fait grand plaisir, lui répond-
« elle, mais je suis un peu étonnée de tes objections ; tu
« aurais donc voulu que je refuse à Notre-Seigneur ce
« qu'il me demandait? c'était impossible... ce refus eût
« été le remords de toute ma vie. » En même temps, dans
un charmant billet, elle répond aux réflexions de son
beau-frère : « Je sens bien que ma présence était pour
« quelque chose dans la joie de mes chers frères, chaque
« fois qu'ils rentraient sous le toit paternel; mais, si je
« me mariais, je quitterais tout aussi !... Comment ba-
« lancer, quand Celui qui m'appelle est le meilleur, le
« plus tendre et le plus parfait des époux ?... Vous dites

« que vous me perdez, oh ! non, mon cher frère... mais
« si vous me perdez, quel beau-frère vous gagnez, et
« que voulez-vous qu'il vous refuse, maintenant que vous
« voilà unis par les liens d'une telle alliance ! Je suis per-
« suadée, je le dis et le pense sérieusement ; mon entrée
« dans la religion sera pour chaque membre de ma fa-
« mille, le signal des plus grandes grâces, que Dieu se
« plaira à répandre sur tous. »

Elle s'unit à la douleur de sa mère : « Je t'en prie, ma
« chère maman, ne te renferme pas trop ; tu te ferais en-
« core plus de mal, et tu affligerais surtout ceux qui t'en-
« tourent. » Et quelques mois plus tard elle écrivait encore :
« Ma pauvre chère maman, je sais si bien comme tu dois
« te trouver isolée ! je sais que tu dois tant souffrir ! Toi,
« qui as été habituée à nous avoir tous autour de toi,
« tu n'as maintenant presque plus personne ! Tout ce
« que tu as fait avec moi l'année dernière, tu le fais
« maintenant seule ; c'est vrai, ma chère maman, que
« c'est bien triste pour toi !... Je regrette bien maintenant
« de t'avoir témoigné si peu d'affection à la fin de ma vie
« avec toi, et pourtant, si c'était possible, je t'aimais
« plus encore à ce moment-là, mais je redoutais tant
« cette séparation, que je ne disais plus rien, je
« renfermais tout !... Nous aurions probablement moins
« souffert toutes deux si nous avions causé ! Je sais bien
« que tu me le pardonnes.... Je suis bien heureuse ici,
« où je trouve tout ce que je désirais depuis longtemps ;
« mais toi ! je t'ai imposé un dur sacrifice ! Il faut penser,
« ma chère maman, que ce n'est pas moi qui te l'ai im-
« posé, car, toute seule, je n'aurais jamais pu me déci-

« der à vous quitter tous et à me priver pour toujours
« de la seule vraie jouissance, de cette vie de famille si
« douce, quand on se sent aimée, non-seulement de ses
« parents, mais de ses frères, de tout le monde enfin
« comme je l'ai été ! Il faut te dire que c'est le bon Dieu
« qui m'a prise ; qu'il est entré dans la famille, qu'il a
« jeté les yeux sur moi, et qu'il m'a choisie pour lui.
« Ma chère maman, quel honneur pour nous tous ! et
« lorsque nous serons tous au ciel, comme les parents
« qui auront eu des filles religieuses seront fiers d'avoir
« été distingués parmi tant d'autres familles ! Oh ! si l'on
« pensait moins à la vie présente, qu'on se réjouirait de
« souffrir sur cette terre en songeant à la gloire qui nous
« en reviendra à tous là-haut ! Et comme on sera con-
« vaincu de ne l'avoir pas payée trop cher ! Ma petite
« maman ! prends courage, réjouis-toi en pensant que ta
« chère Marie n'a point partagé avec un autre l'affection
« qu'elle avait pour toi : elle n'a fait que continuer à
« aimer Dieu, comme elle avait commencé à le faire dans
« le monde ! »

D'après le témoignage de ses sœurs de noviciat, Marie
fut dès le début un modèle des vertus religieuses : l'égalité de son caractère, ses prévenances pour toutes ne
laissaient pas soupçonner les difficultés constantes qu'elle
avait à surmonter. Elle avouait plus tard avec simplicité,
que dans les premiers temps, les moindres assujétissements
lui étaient à charge, ne fût-ce que de céder le pas à quel-
qu'un au passage d'une porte. Elle réprimait avec le
même courage les saillies habituelles de sa gaieté. « Quant
« à moi, écrit-elle à sa sœur, je deviens, je n'ose pas dire

« une religieuse, car j'en ai bien peu l'air, mais enfin je
« tends à le devenir. Tu peux te figurer s'il m'est facile,
« à moi, de marcher lentement, d'avoir l'air digne et
« sérieux, de ne pas parler et rire à tort et à travers. Je
« crois vraiment que je ne serai pas reconnaissable quand
« j'en arriverai là : ce sera un vrai miracle accompli. »

Notre chère sœur prit l'habit le 19 mars 1870. Son frère
aîné, maintenant préfet du Cher, rend ainsi compte de
ses impressions à cette cérémonie : « Depuis l'entrée de
« Marie en religion, dit-il, le caractère saillant de sa vie m'a
« paru être la générosité dans le dévouement et le sacri-
« fice. Le jour de sa prise d'habit, un détail que je con-
« sidérai d'abord comme un enfantillage, mais que je re-
« connus bientôt avoir une signification sérieuse, fut
« comme le symbole de cette générosité. Elle tint à se
« parer magnifiquement, disant qu'on pouvait bien faire
« autant pour Dieu que pour les hommes. Je n'oublierai
« jamais l'air de bonheur que respirait toute sa physio-
« nomie, ni les pensées que réveilla en moi ce grand acte
« de la vie religieuse. »

Marie commença son noviciat avec ferveur. Une de nos
Mères plus à même que personne de la bien connaître,
en rend ainsi témoignage : « Son excellent jugement,
« la franchise et l'élévation de son caractère, une rare
« intelligence de l'esprit religieux, des moyens pour les
« études faisaient d'elle un sujet d'espérance ; mais ces
« dons de Dieu devinrent eux-mêmes pour elle matière
« à sacrifice. L'affaiblissement progressif de sa santé l'o-
« bligeait à des soins et à des exceptions qui lui étaient
« un sujet continuel de souffrance. — « J'aime tant la

« vie commune! disait-elle; est-ce donc pour cela que
« Dieu m'en demande le sacrifice?......» — Ce même
« état de langueur l'arrêtait constamment dans les études
« auxquelles la portait, non-seulement un goût naturel,
« mais encore un véritable esprit de zèle... Témoin cet
« aveu fait à sa sœur Geneviève : « J'apprends à force
« ma grammaire et cela ne m'ennuie pas du tout, et puis
« le but de toutes ces études qui est de sauver les âmes,
« les rend bien attrayantes. »

Elle ne put donc suivre que de loin les petits travaux
du juvénat; c'était pour elle une véritable privation.
« Mais, disait-elle, avec sa générosité accoutumée, je veux
« aider mes sœurs en priant pour elles, et en leur don-
« nant l'exemple de la douceur et de l'humilité.....»
Cet exemple, elle le leur donnait, et il lui en coûtait beaucoup. « La douceur en effet, selon le témoignage de la
« maîtresse des novices, offrait avec le support et l'indul-
« gence de grandes difficultés à son caractère entier et
« dominant. Son jugement si droit et son amour pour la
« règle la rendaient naturellement sévère pour les moin-
« dres manquements, et elle en exprimait quelquefois
« son blâme avec une vivacité qui devenait alors le su-
« jet de généreuses réparations. » Mais cette spontanéité,
cette verdeur de caractère allaient peu à peu se calmer
et se mûrir dans la solitude de l'infirmerie; ce fut là que
vécut désormais Marie tant à Conflans qu'à Rennes où les
tristes événements de 1870 firent transférer le Noviciat
général. Partout elle se montrait amie de la souffrance.
Obligée de manquer souvent les récréations communes
auxquelles son caractère se portait si volontiers : « Tant

« mieux, répétait-elle gaiement, c'est un bon sacrifice
« à faire. » Une de ses sœurs, qui avait à Rennes la
charge de sous-infirmière, nous fait part de ses souvenirs :
« J'ai pu m'édifier chaque jour, dit-elle, au contact de
« sa résignation parfaite, de son égalité d'âme accompa-
« gnée d'une sérénité extérieure qui faisait vraiment du
« bien à toutes les personnes qui avaient le privilége
« de l'approcher. Alors même que, plus souffrante, elle
« se trouvait aux prises avec de violents accès de fièvre,
« elle savait encore s'oublier pour s'occuper de ses com-
« pagnes d'infirmerie, et les encourager par de bonnes pa-
« roles. » Marie ne se contentait pas d'accueillir joyeusement la Croix; fidèle à son attrait dominant, elle la
recherchait en tout. « Elle usait quelquefois d'aimables
« ruses, dit une de ses Mères, pour ajouter la mortifica-
« tion à ses souffrances. Quand on lui proposait divers
« soulagements, tout lui était égal et bon ; insistait-on,
« elle louait le dernier proposé, puis souvent, comme par
« un scrupule de sa droiture, elle disait en riant : « Ma
« Mère, je vous ai trompée ! cela ne m'allait pas du tout ;
« mais j'avais si grande envie d'offrir une petite mortifi-
« cation à Notre-Seigneur ! »

Elle avait cependant ses moments de défaillance, mais
alors elle luttait, redoublait ses prières, et demandait
qu'on la relevât avec force vers les pensées de la foi. Dans
la religion Marie se montra pour les siens ce qu'elle avait
été dans le monde, pleine d'affection, de zèle surtout.
« Je trouvais de sages conseils dans sa conversation, dit
« son frère Paul, et je m'étais promis de les lui deman-
« der toutes les fois que l'occasion me le permettrait. Je

« ne puis plus maintenant compter que sur son concours
« du haut du Ciel, mais elle s'intéressait si vivement à
« la tâche que j'avais entreprise (en entrant dans l'admi-
« nistration) que son intercession me sera, j'en ai la fer-
« me confiance, plus utile encore que ses prières et ses
« conseils. »

Si notre chère sœur savait apprécier pour elle-même
les épreuves et les souffrances de la vie, elle savait aussi,
nous l'avons déjà vu, les désirer pour ceux qu'elle aimait
d'une affection forte et généreuse. Il serait trop long de
relever dans ses lettres tous les passages où elle encoura-
geait les siens à souffrir en esprit de foi, à baiser la main
paternelle qui présente le calice. Citons pourtant quelques
lignes; elle est à Rennes au mois de novembre 1870; il
est question d'appeler sous les drapeaux tous les hommes
mariés de 21 à 40 ans : « J'ai tout de suite pensé à Fran-
« cisque, écrit-elle à sa sœur... Allons, courage! ajoute-
« t-elle généreusement; si le bon Dieu veut que tu payes
« aussi ton tribut, mets toute ta confiance en Notre-Sei-
« gneur qui est si bon!.. S'il permet que tu souffres, oh!
« il faut le remercier, car il n'envoie la souffrance qu'à
« ceux qu'il aime... Il faut offrir courageusement ton sa-
« crifice, si le bon Dieu veut vraiment que ton cher Fran-
« cisque parte... Ah! vois-tu, Notre-Seigneur a des dé-
« licatesses touchantes, et je crois qu'il les multiplierait
« si on le servait plus fidèlement, si l'on pensait un peu
« à la vie future en amassant pour elle des trésors...
« Mais beaucoup ne songent qu'à la vie présente, comme
« si c'était tout. Si c'est la volonté de Dieu de vous im-
« poser à tous deux un si grand sacrifice, ne l'acceptez

« pas parce qu'il le faut ou parce que vous ne pouvez
« faire autrement; oh! non, aimez cette main qui, en
« vous faisant souffrir, travaille à votre plus grand bien!»

Quelque temps après les horreurs du siége, les san-
glantes exécutions de la Commune épouvantent Paris
où son père et sa mère sont enfermés. La sollicitude ma-
ternelle a trouvé le moyen de faire parvenir les nouvelles
les plus sûres et les plus précieuses à Rennes, où, comme
nous l'avons dit, Marie a suivi le Noviciat; mais les répon-
ses n'arrivent point à leur destination. A tant de craintes,
d'inquiétudes, à la douleur que lui causent l'emprisonne-
ment et le massacre de son frère, madame Lauras doit
ajouter la privation presque absolue des nouvelles de sa
chère fille, dont la santé l'inquiète à si juste titre. Cependant, au bout de quelques mois, lui arrivaient en même
temps quelques-unes de ces missives désirées, portant
toutes le cachet d'une sainte vigueur dans la souffrance,
et d'un filial abandon au Seigneur. Le 4 juin 1871, notre
bonne sœur, après avoir essayé de consoler sa mère au
sujet de la mort du R. P. Caubert et de ses vénérés com-
pagnons, ajoutait en terminant : « Courage! prions en-
« semble, non pas pour eux, ils n'en ont plus besoin, mais
« pour que Dieu nous donne la force de porter et d'aimer
« le sacrifice qu'il nous envoie. »

 Au mois d'août suivant, elle remercie sa respectable
et si bonne mère des vœux de fête offerts pour elle le
15 : « C'est un jour, dit-elle, qui, s'il est triste pour moi,
« me donne, comme tant d'autres, l'occasion de renou-
« veler mon sacrifice à N.-S. ; non pas que j'aie jamais
« l'ombre d'un regret, mais N.-S. permet quelquefois que

« le sacrifice se fasse sentir plus vivement, afin qu'on ait
« plus de mérite : il faut l'en remercier... Nous sommes
« encore ici (à Rennes) pour quelque temps... à la merci
« des événements ou plutôt (ce qui vaut encore mieux) de
« la volonté de Dieu. » Quinze jours plus tard, elle annonce à sa mère la retraite annuelle que doit prêcher le
R. P. Bazin ; elle s'en réjouit, « car, dit-elle, ce Père doit
« être plus sanctifié que personne, ayant souffert comme
« les martyrs qu'il a suivis jusqu'à la porte du Ciel. Notre
« retraite sera donc excellente... Tu prieras pour que je
« devienne sainte, car, maintenant *noblesse oblige;* et
« puis pour que je sois bien abandonnée à la volonté de
« Dieu ». Sa mère ayant été visiter le sanctuaire de Lourdes, Marie n'a pu l'accompagner que de ses vœux.....
« C'est un des mille petits sacrifices qu'impose la vie reli-
« gieuse, ajoute-t-elle, mais on est trop heureux d'avoir
« quelque chose à offrir à Dieu... Je vais toujours comme
« à l'ordinaire : bien, mais fatiguée... Il faut, ma chère
« maman, en prendre ton parti comme moi, et vouloir
« ce que le bon Dieu veut. Je ne suis pas malade : ce n'est
« que de la faiblesse et je suis soignée comme une per-
« sonne précieuse. Je vais te mettre un peu en retraite ,
« puisque je ne t'écrirai plus avant quinze jours, mais
« j'espère que tu feras ce petit sacrifice à Notre-Seigneur.
« Il a tant souffert pour nous ! Et véritablement, quand
« on y pense, il nous demande si peu en comparaison
« de ce qu'il a fait!... Si, au moins, nous faisions bien
« généreusement et joyeusement ce qu'il nous de-
« mande !.....

Ce fut à la fin de la retraite donnée par le R. P. Bazin

qu'eut lieu le retour du Noviciat à Conflans, où madame
Marie Lauras devait s'unir à Jésus par les liens les plus
sacrés. Elle voyait arriver ce grand jour avec une sainte
joie. « Je vais entrer dans une bien bonne année, écrit-
« elle à sa sœur Geneviève au mois de décembre 1871 ;
« dans quelques mois, je prononcerai mes vœux, et j'é-
« changerai le voile blanc pour le voile noir... Le temps
« du noviciat, qui passe si vite, semble doubler de lon-
« gueur à l'approche d'un si beau jour. Prie bien pour
« moi, afin que d'ici là je devienne une sainte : c'est,
« je l'avoue, toute mon ambition, surtout quand on a
« un oncle martyr. Et puis, nous ne sommes pas entrées
« au couvent pour être des religieuses manquées ou mé-
« diocres, cela fait horreur à penser. Toi, qui as le bon-
« heur d'être plus ancienne que moi, n'est-il pas vrai
« que, plus on avance, plus on aime Jésus, notre Époux,
« plus on veut lui donner, et, par conséquent, plus on
« est heureuse ! On est même beaucoup trop heureuse :
« pour moi, je ne cesse de remercier Dieu, car il me com-
« ble de grâces, et je ne fais rien pour être ainsi gâtée. »

Le 10 mars 1872, elle annonce à sa mère son entrée en
retraite : « Comme je vais prier pour vous toute cette se-
« maine ! Crois bien qu'il n'y a pas dans le monde entier
« une créature plus heureuse que moi ! Prie pour moi sur
« le tombeau des saints martyrs de la rue de Sèvres. Le
« sacrifice sera pour toi entièrement consommé. Oh !
« que je voudrais que N.-S. te fît sentir la joie qu'il y a
« à lui donner ce qu'on aime le mieux, ce qui nous est
« le plus cher ! »

Durant les saints exercices qui la préparèrent à cette

fête incomparable, elle jouit d'une santé presque mira-
culeuse, qu'elle attribuait à l'intercession du R. P. Caubert. « Chaque fois que je le prie, disait-elle, je vais plus
« mal, mais il comprendra que j'ai besoin de mes forces
« pour faire ma retraite, et j'espère qu'il me les laissera
« jusqu'au 19; après cela le bon Dieu fera de moi ce
« qu'il voudra. » Elle fut exaucée : les huit jours qui pré-
cédèrent ses vœux se passèrent sans fièvre, et Marie té-
moigna autant de bonheur que d'étonnement de pouvoir
assister à la Messe tous les matins, ce qu'elle n'avait pu
faire depuis longtemps. Notre-Seigneur la comblait en
même temps de lumières et de consolations. Les Exercices
de saint Ignace, en la ravissant d'admiration, redoublaient
aussi son désir de se dévouer pour les âmes; mais en l'ex-
primant après sa méditation sur le règne de Jésus-Christ,
elle ajoutait simplement : « Je ne veux pourtant que la
« volonté de Dieu; je ne puis même vouloir autre chose. »
Ce fut le 19 mars qu'elle s'unit à N.-S. par le lien sacré
des vœux de religion. Mais à peine eut-elle contracté ces
saints engagements, qu'il lui fallut de nouveau porter la
croix de la maladie. « J'ai encore passé quatre jours de la
« semaine sainte dans mon lit, écrit-elle; le bon Dieu,
« après avoir si bien fait ce que je voulais pendant ma
« retraite, a pris son tour, mais le bon Dieu fait toujours
« bien ce qu'il fait.... Adieu, ma bonne et chère maman,
« de tous tes enfants, la septième est bien la plus heu-
« reuse. Je suis vraiment dans un bonheur qui ne pourra
« être surpassé qu'au ciel. »

Arrêtée dans ses aspirations de dévouement, notre chère
sœur comprit qu'elle devait tout spécialement s'appliquer

à l'observation de ses vœux. « Puisque je ne vais pas au
« pensionnat, disait-elle, en parlant de la sainte pauvreté,
« j'ai bien le droit de demander pour moi ce qu'il y a de
« plus vieux et de plus usé. » L'obéissance ne lui coûtait
qu'au point de vue de l'assujettissement, car son esprit
si religieux savait toujours reconnaître la volonté divine
dans celle de ses supérieures. Le sacrifice des affections
de famille était depuis longtemps accompli dans son cœur :
on sait en effet que ce sacrifice n'est pas une destruction,
mais une heureuse transformation : il les conserve dans
toute leur force : il fait plus ; il les élève, et les ennoblit
d'un éclat surnaturel. Marie suivit fidèlement cet ordre
divin, aussi jamais un détail de la règle ne fut sacrifié à
ses rapports de famille : quelques mois avant sa mort, elle
avait même fait promettre à son excellente et pieuse
mère qu'aucun des siens ne demanderait à la voir dans
le cas où la maladie l'empêcherait de descendre au salon.
Un de ses frères, que son cœur suivait avec une tendresse
et une sollicitude spéciale, était venu à Conflans et ne
pouvait disposer que de quelques heures avant de se rendre à un poste éloigné. Marie, retenue au lit par la fièvre,
ressentit vivement le sacrifice de ne pas voir ce frère au-
quel elle savait devoir faire du bien ; mais elle n'exprima
pas un regret : « Notre-Seigneur, qui ne veut pas que
« je le voie, dit-elle, lui fera plus de bien que je ne l'au-
« rais pu. » Tout ce que nous avons déjà cité des lettres de
cette chère sœur suffit pour montrer combien était tendre, forte et généreuse son affection pour les siens ; mais
il est un caractère de cette tendresse qui doit mettre dans
tout son jour ce cœur si aimant, si dévoué : son amour

filial et fraternel était plein de sollicitude pour porter à
Dieu des âmes qui lui étaient si chères. Il faudrait repro-
duire ici presque toutes ses lettres, si l'on tenait à consta-
ter son dégagement d'elle-même, la sagesse de ses conseils, le ton d'affectueux ascendant dont toute sa corres-
pondance porte l'empreinte. Offre-t-elle à sa bonne mère
des vœux de fête : « Je demanderai pour toi beaucoup de
« courage et de résignation, écrit-elle. Ne sois pas trop
« triste le jour de ta fête..... Cela me ferait tant de plai-
« sir de penser que tu es un peu plus en train, et que tu
« pleures moins ! » Un jour elle a aperçu sa mère à la
chapelle de Conflans. « Cela me fait plaisir de penser
« que nous entendons la messe ensemble et que nos priè-
« res sont unies. J'ai seulement peur que ces longues
« courses ne te fatiguent beaucoup. Tu sauras toujours
« que cela me fait du bien de me sentir près de toi à la
« chapelle. » Pour ses frères elle était tout particulière-
ment tendre et dévouée, alors surtout qu'ils étaient dis-
persés et très-exposés pendant la guerre de 1870 et le
siége de Paris. « Mes frères, écrit-elle à l'un d'eux, sont
« toujours la grande moitié de moi-même, comment
« pourrais-je les oublier ?... Quand tu te sentiras décou-
« ragé pense que tu as une sœur qui, à ce moment, prie
« pour toi... Que je serais heureuse si je pouvais ainsi
« vous faire du bien à tous ! »

Jamais elle n'oubliait ces dates où le cœur aime à for-
muler des vœux qui sont de tous les jours. Sur la fin de
son séjour à Conflans, 27 août 1872, elle écrit à son
frère Louis : « J'aurais désiré que cette lettre te parvînt
« le 25, mais le bon Dieu, qui fait de moi ce qu'il veut,

« ne me donne pas beaucoup le moyen de faire ce que
« je désire. » Elle le félicite ensuite de ce qu'il contribue
à rendre plus solennelles les fêtes de la paroisse en offrant
au curé le concours de son talent musical. Elle était alors
fort malade, aussi en terminant cette lettre, la dernière
datée de Conflans à l'adresse de ce frère bien aimé, elle
ajoute comme en passant, pour le préparer à la nouvelle
d'un prochain départ : « Je suis toujours ici, ne sachant
« si l'on m'enverra ailleurs, car ce moment est pour
« nous comme pour les Pères, celui des changements. Je
« vais toujours à peu près de même ; il faut que cette
« fièvre intermittente s'use avec le temps et les remèdes :
« donc, de la patience ! » Cette patience, jointe à ses
prières et à ses sacrifices, attiraient bien des grâces sur
ceux qui lui étaient chers. L'abandon devint de plus en
plus le cachet de sa vertu : presque toujours arrêtée, et
épuisée par une fièvre continuelle, elle partit pour Marmoutier le 23 septembre 1872.

On espérait que l'air pur et doux de la Touraine opé-
rerait un heureux changement dans sa santé ; elle dut
donc s'éloigner du noviciat et quitter les Mères qui
avaient guidé ses premiers pas dans la vie religieuse. Ce
sacrifice, toujours si pénible, est ordinairement adouci
par une pensée de dévouement : l'espoir de travailler enfin pour une société à laquelle on est redevable de tant
de soins maternels est la meilleure consolation de la
jeune aspirante au jour des adieux. Telle ne fut pas la
perspective offerte à Marie, et Dieu seul sait ce qu'il lui
en coûta de quitter le séjour béni de Conflans pour aller
se faire soigner à Marmoutier. Son âme habituée à ac-

cepter la croix sans résistance comme sans restriction
ne nous laissa rien deviner d'un si grand sacrifice : simple et abandonnée, il semblait, dès les premiers jours,
que depuis longtemps elle faisait partie de notre famille.
Elle édifiait à l'infirmerie par son esprit religieux, son
égalité d'âme et sa parfaite obéissance. On remarqua surtout qu'elle faisait avec une grande générosité le sacrifice
de ses communions, lorsque dès le matin, et souvent
contre son attente, on lui intimait l'ordre de garder la
chambre. Mais laissons-la rendre compte elle-même de
ses dispositions à l'une de ses Mères de Conflans : « Le
« médecin dit que ce sera très-long ; priez donc beau-
« coup, ma bonne Mère, je vous en supplie, afin que j'aie
« la patience nécessaire pour souffrir tout ce que le bon
« Dieu m'enverra. Notre-Seigneur sait que je ne refuse
« rien : la pensée que je fais sa volonté est la seule
« chose qui me fasse du bien et qui me soutienne ; enfin
« je puis aussi sauver des âmes par la prière et par la
« souffrance. Quand l'occasion se présente de rendre
« quelques petits services et que mon intelligence et
« mes forces me le permettent, je ne puis vous dire
« avec quel bonheur je saisis ces moyens de me dévouer
« un peu... » En effet, le changement d'air avait produit
un mieux passager qui nous permit de connaître et d'apprécier notre chère sœur. Il lui fut possible de descendre à la communauté et de suivre en quelques points la
vie commune. Elle en exprima toute sa joie, et s'empressa de témoigner à toutes de la cordialité. Déjà elle
s'intéressait aux œuvres de la maison, surtout à nos
chères enfants, et paraissait désireuse de leur donner un

jour ses soins. En attendant, elle acceptait volontiers
quelques surveillances de musique et comptait bien, disait-elle, chanter à la tribune pour le jour de l'Immaculée Conception, pour cette fête bénie où Marie l'avait at-
tirée au Sacré-Cœur ; mais cette fois la Mère de Dieu devait l'attirer au ciel ! L'espoir de travailler grandissait
donc dans son cœur. « Ce sera long, disait-elle en par-
« lant de son état de souffrance, mais courage ! » (ce mot
« lui était habituel) courage ! un jour je reprendrai la vie
« commune. Comme je serai heureuse alors ! » De nouvelles fatigues survinrent cependant au commencement
de novembre : « Priez pour moi, écrivait-elle à Conflans,
« afin que je sois abandonnée à la volonté de Jésus qui
« m'unit à lui par la souffrance. » Le 24 octobre elle
avait annoncé à sa famille qu'elle allait mieux : le 3 novembre, la même phrase revient sous sa plume avec ce
correctif : « J'irais très-bien s'il n'y avait pas un *mais*
« que le bon Dieu place toujours là, pour me faire prati-
« quer la patience. » Ainsi l'inspirait sa délicatesse quand
il s'agissait de rassurer sa famille : c'est vraiment une âme
admirable, s'oubliant pour les autres jusque entre les
bras de la mort. Le 21 novembre approchait : elle commença le 17 au soir le triduum préparatoire à la réno-
vation des vœux et put en suivre exactement les exercices, faveur qu'elle dut sans doute à l'intercession du
R. P. Caubert. Bien plus : elle qui, depuis quelque temps,
recevait la Sainte Communion à l'infirmerie, put le 21
descendre à la chapelle de grand matin, pour renouve-
ler ses vœux avec ses jeunes sœurs. Cette messe où elle
fit à N.-S. une plus complète immolation d'elle-même

fut la dernière à laquelle il lui fut possible d'assister. Dès les jours suivants ses forces la trahirent ; elle dut rester à l'infirmerie. Cependant nous espérions encore, et, par des neuvaines successives à N.-D. de Lourdes et à N.-D. des Anges, nous pensions obtenir une guérison dont N.-S. eût, ce semble, tiré tant de gloire ; mais toutes ces prières n'amenèrent pour notre chère Marie qu'un accroissement de souffrances, et une dernière neuvaine à saint Martin fut comme le signal du départ. Le mardi, 3 décembre, sur l'avis du médecin, notre Révérende Mère Noizet voulut préparer elle-même la malade à recevoir les secours de l'Église. Marie, d'abord un peu étonnée et incrédule sur la gravité de son état, accéda cependant volontiers à la proposition qui lui fut faite ; mais, voyant ensuite la sœur sacristine dresser, comme d'habitude, deux petits autels, elle se prit à sourire : « Vraiment, dit-elle gaiement, il n'y a qu'à Marmoutier qu'on « fait tant de préparatifs pour une simple confession. » L'idée de l'Extrême-Onction était encore si loin de son esprit qu'on dut différer la cérémonie de quelques heures jusqu'à ce qu'elle eût pu comprendre la vérité. Cette grande nouvelle qui a fait trembler des saints la laissa calme et sereine : aucun trouble ne parut sur son visage, et durant la cérémonie tout le monde fut édifié de son attitude simple et énergique. « Vraiment, disait-elle le « soir même, je ne croyais pas que je me ferais si vite « à l'idée de la mort. »

Douce et aimable envers toutes celles qui l'approchaient, elle témoignait une reconnaissance toute particulière lorsque notre Révérende-Mère venait la voir. Le soir du

3 décembre une joie céleste illuminait ses traits. — « Vous
« êtes donc bien heureuse, lui dit notre Révérende-Mère.
« — Oui, ma Mère, bien contente de faire la volonté de
« N.-S. — Ne pourriez-vous pas m'emmener avec vous?
« ajouta une de ses sœurs. — Non, répondit-elle, vous
« n'êtes pas encore prête : savez-vous qu'il faut beaucoup
« travailler et beaucoup souffrir pour aller au Ciel!.. »

Le lendemain 4 décembre notre chère sœur commença
à s'assoupir, c'était l'effet de l'épuisement de ses forces.
Dès six heures du matin ses parents arrivèrent de Paris :
une de nos Mères descendit pour les recevoir et leur dire
où en était la mourante. On pouvait aisément supposer
que ce père et cette mère désolés auraient obéi à regret
aux exigences de notre sainte règle : il n'en fut pas ainsi,
madame Lauras prit elle-même l'initiative du sacrifice.
« Je sais très-bien, madame, dit-elle à la Mère assistante,
« que je ne dois pas la voir : c'est la règle, et cela dit tout
« pour moi. Permettez-nous seulement de rester ici pen-
« dant la journée et de prier à la chapelle. » Ce fut là
leur consolation : prier et pleurer au pied du Tabernacle...
d'heure en heure on leur portait des nouvelles de leur fille
chérie. Madame Lauras avait apporté quelques reliques
du R. P. Caubert, on s'empressa de les appliquer à la malade. Peut-être qu'alors ce glorieux martyr voulut lui
donner quelque marque de son assistance, car Marie se
réveilla de son assoupissement pour raconter à la digne
Mère Mallac, alors de passage à Marmourtier, les diffé-
tes circonstances de la mort de son oncle, et la manière
dont ses précieux restes avaient été découverts. Ce fut là
comme une lueur de vie, comme un dernier effort de cette

nature épuisée, et puis l'agonie commença. Le 4 vers mi-
nuit, une des nôtres qui la veillait lui présenta le Cruci-
fix : « Vous l'aimez bien ! lui disait-elle... — Oh! oui, je
l'aime de tout mon cœur !.. » Telles furent ses dernières
paroles : elles résumaient toute sa vie. A partir de ce
moment, Marie ne donna plus aucun signe de connais-
sance, mais la lutte fut longue et douloureuse. La journée du jeudi, 5 décembre, se passa dans une angoisse
continuelle : nous entourions en priant cette victime qui
ne touchait plus à la terre que par la douleur ; mais elle
nous parlait par son silence même, et, sur son visage, se
reflétait avec la souffrance le calme d'une âme habituée à
l'immolation. Le R. P. Derice était alors ici, prêchant au
pensionnat un triduum préparatoire à la fête de l'Immaculée Conception. Il parla à nos enfants de cette belle vie,
de cette sainte mort, et l'impression qui en résulta parmi
elles fut sans doute une des récompenses du zèle ardent
et passif de notre chère sœur. Le R. P. se rendit plusieurs
fois à l'infirmerie dans cette longue journée du 5, pour
réitérer à la mourante la grâce de l'absolution. La lutte
se prolongea jusqu'à dix heures du soir, mais les der-
niers moments furent doux et paisibles : un soupir calme
et profond nous fit présager pour notre chère sœur le re-
pos dans le sein de Dieu.

Ses restes mortels furent transportés dans une des sal-
les du rez-de-chaussée, afin que ses pieux parents eussent
la consolation de prier avec nous près du lit funèbre. Ils
y passèrent toute la journée du 6 décembre : le soir venu,
comme il était temps de déposer le corps dans le cercueil,
madame Lauras sollicita la permission d'aider nos Mères

à remplir ce religieux devoir. Calme et debout, comme Marie au pied de la croix, elle dit un dernier adieu à sa fille en la baisant au front, et, toujours pleine de respect pour notre sainte règle , elle demanda s'il ne lui serait pas interdit de passer cette dernière nuit près de sa chère Marie, offrant de se retirer si cette faveur pouvait en quelque façon contrarier nos usages. Notre Révérende-Mère s'empressa d'accéder à une si juste demande, et la pieuse mère demeura là, jusqu'au lendemain matin. C'était la veille de l'Immaculée Conception : la messe d'enterrement fut fixée à neuf heures ; une partie de la famille de Marie suivit le convoi jusqu'au cimetière. Lorsqu'il fut temps de jeter l'eau bénite sur la fosse , monsieur et madame Lauras s'avancèrent à la suite de la communauté. En ce moment toujours si déchirant, ils paraissaient calmes et résignés : leur sacrifice était consommé. La douleur profonde des frères de Marie semblait contraster avec l'attitude énergique de ses parents, mais ces larmes étaient aussi un éloge, et un pieux hommage rendu aux vertus aimables d'une sœur toute dévouée. Les jours suivants, l'un d'eux revint encore pleurer sur cette tombe , et prit soin de l'orner de fleurs.

Pour nous, qui n'avons pu contempler qu'en passant la beauté de cette grande âme , nous en gardons un souvenir édifiant et fécond, qui nous redira toujours : « Courage et sacrifice ! »